CATALOGUE

DES DIVERS OUVRAGES

CONSERVÉS AU DÉPÔT

DE L'IMPRIMERIE IMPÉRIALE,

Dont la Vente se fera le Jeudi 25 Juin 1812 et jours suivans, rue des Bons-Enfans, n.° 30, à onze heures du matin.

LE CATALOGUE SE DISTRIBUE

Chez MM.
- DE BURE père et fils, Libraires de la Bibliothèque impériale, rue Serpente, n.° 7.
- BRÉART fils, Commissaire priseur, Vieille rue du Temple, n.° 30.

A PARIS,

DE L'IMPRIMERIE IMPÉRIALE.

1812.

On commencera par le n.° 1.er, et ainsi de suite.

Nota. Tous ces Ouvrages sont en feuilles.

Lesné ainé, livre 2.

Le blanc.

Le meme. Livre.

le mr Courcier Livre 2.

Lesné ainé, Livre.

Corby, livre 2.

CATALOGUE
DES DIVERS OUVRAGES
CONSERVÉS AU DÉPÔT
DE L'IMPRIMERIE IMPÉRIALE.

A

Exemplaires.

N.° 1.er ABRÉGÉ de la vie de Jacques II, par le P. Bretonneau. *In-12, carré*.................... 92.

2. Acta conciliorum, et Epistolæ decretales et constitutiones summorum pontificum; auct. P. Harduino. 1714-1715. *11 vol. in-fol. raisin*......... 2.

3. Adlocutio et Encomia &c. (Hommage de M. Marcel au Saint-Père). *In-fol. écu*............ 9.

4. Analyse et Tableau de l'influence de la petite vérole sur la mortalité à chaque âge, et de celle que le préservatif de la vaccine peut avoir sur la population, par M. Duvillard. *1 vol. in-4.° carré*........ 285.
Idem *carré vélin*...... 5.

5. Annuaire du cultivateur, par Romme. *1 vol. in-8.° carré, avec une planche au frontispice*. An 3..... 45.

6. Annuaire présenté à l'Empereur par le bureau des longitudes. 1809. *In-16, carré*.............. 312.

Exemplaires.

B

7. Bombardier (Le) français, ou Méthode nouvelle de jeter les bombes avec précision, par Bélidor. *1 vol. in-4.° grand raisin, avec 9 planches*.......... 21.

C

8. Cæcilii Cypriani (Sancti) Opera. 1726. *1 vol. in-folio raisin*.............................. 20.

9. Catalogue des Livres imprimés et manuscrits de la Bibliothèque impériale. *10 vol. in-folio, carré*.. 22.

Idem *grand raisin*........................ 2.

Volumes séparés.	Tome II.	Manuscrits......	24.
	Tome III.	*idem*.........	58.
	Tome IV.	*idem*.........	52.
	Plus 6 exemplaires imparfaits.		
	Tome I.er	Théologie......	4.
	Tome II.	*idem*.........	35.
	Tome III.	*idem*.........	35.
	Tome I.er	Belles-Lettres....	61.
	Tome II.	*idem*.........	61.
	Tome I.er	Jurisprudence....	74.

Défets........ 77 paquets de carré.
9 paquets *id.* feuilles ouvertes.
5 paquets de grand raisin.

Parmi ces défets se trouvent plusieurs paquets renfermant le commencement du tome II de la Jurisprudence, portant le titre de *Droit civil ou national.*

Maginel, Livré.

Le Blanc. Livré 2 exempl.

Lesné j.

Le Blanc.

1 exemplaire du tom. 2 jurisprudence

Le Blanc.

9 Bibl. 6 Exempl.

Le Blanc, livré.

Bordier epicier. livré 2.

13 Init. 1. retiré broché.

Le Blanc 436 Exempl.

14 Bibl. 1 Init. 1. retiré en flles.
Bibl. 1 retiré en flles.
Bibl. 1. retiré bro.

14. 11 exempl. Le Blanc, livré
1 petit-Le Blanc. livré
26 fantin livré

15 Bibl. 1. retiré broché.

Mr Courcier. Livré.

Exemplaires.

10. Catalogue raisonné des tableaux du Roi, avec un abrégé de la vie des peintres, par Lépicié, secrétaire perpétuel et historiographe de l'académie de peinture. *2 vol. in-4.° grand raisin.* 1752-1754.... 11.

11. Choix de poésies allemandes, par M. Weiss, professeur de langue allemande. An 6. *Petit in-12, carré*.............................. 1.

12. Chronicon paschale à mundo condito ad Heraclium imper., curâ et studio Caroli du Fresne du Cange. 1688. *In-fol. grand raisin, avec planche*.... 58.

Fait partie du *Corpus hist. Byzant.*

13. Code général pour les États prussiens. *5 vol. in-8.° carré*.............................. 437.

14. Code des prises, par Lebeau, employé au ministère de la marine. *3 vol in-4.° carré*........... 13.

Idem *carré vélin*....... 2.

In-8.° carré.......... 27.

15. Collection des lois, arrêtés, instructions, circulaires et décisions concernant les opérations prescrites par les arrêtés du Gouvernement, des 12 brumaire an 11 et 27 vendémiaire an 12, pour parvenir à une meilleure répartition de la contribution foncière; formée, avec l'autorisation de son Excellence le ministre des finances, par J. B. Oyon, chef des bureaux pour la répartition de la contribution. An 12 [1804]. *2 vol. in-8.°*........................ 2.

Exemplaires.

16. Cométographie, ou Traité historique et théorique des comètes, par Pingré, chanoine régulier et bibliothécaire de Sainte-Geneviève, de l'académie des sciences. 1783. *2 vol. in-4.° carré, avec 6 pl. au trait*.................................... 31.

17. Commentaire sur la loi des douze tables, par Bouchaud. An 11 [1803]. 2.e édition en *2 volumes in-4.° carré*.................................... 561.

Idem *carré fin d'Angoulême*.................... 19.

18. Conférences des observations des tribunaux d'appel sur le projet de Code civil. *4 petits vol. in-4.° carré*.................................... 21.

19. Confessions de S. Augustin, traduites par Dubois, de l'académie française. 1758. *3 vol. in-12, carré*. 69.

19 *bis*. Contes turcs extraits du roman intitulé *les Quarante Vizirs*, en turc, publié par M. Belleteste. 1812, *in-4.° carré*.................................... 500.

Carré vélin.................................... 60.

20. Correspondance trouvée le 2 floréal an 5, à Offembourg, dans les fourgons du général Klinglin, général-major de l'armée autrichienne, et chargé de la correspondance secrète de cette armée. Pluviôse an 6. *2 vol. in-8.° carré*.................... 6.

21. Considérations militaires et politiques sur les fortifications, par Michaud-d'Arçon, ancien général de division et inspecteur des fortifications. An 13. *In-8.° carré*.................................... 1.

22. Conspiration anglaise. An 9. Tome Ier *In-8.° carré*.................................... 4.

16. Lesni j^e Livré. 1.

17. Warie oncle a 2..20 chaques Livri 1.

18. Warie oncles Livri 1 exempl.

19 Blanchon 1 exempl. Livri.

20 payant. Livri, cinq Exempl.

retiri.

22. payant. Livri.

18 Bibl. . 1. Init. 1.
retiri 2. exempl.

19 bis. Bibl. 1. Init. 1.
Bibl. 1.

20. Bibl. 1. retiré broché

21. Init. 1. retiré broch

23 Bibl. . 1.

Bibl. Raisin velin. 1.

23 tous les n°. a l'exception d'un exempl. de chaque papier Renouard. livré. 1.

24 Le Blanc livré 30 exempl. du texte, et du carton 30.

25 grobert.

25. payant. livré.

26. Bibl. 1. retiré 1.

26 Le Blanc 2 exempl. livré.

27 Inst. 1. retiré broché.

27 Le Blanc. 1154 livré 1.

Exemplaires

D

23. Denisart. Tome XIV. *In-4.°* 20 feuilles de A à V.

Tiré à.....	*Carré*..........................	1553.
	Raisin..........................	125.
	Raisin vélin....................	25.

24. Découvertes des Français, en 1768 et 1769, dans le sud-est de la Nouvelle-Guinée ; par M. de Fleurieu, ancien capitaine de vaisseau, avec douze cartes. 1790. *In-4.° carré*.................. 51.

25. Description des travaux exécutés pour le déplacement, transport et élévation des groupes de Coustou, par J. F. Grobert, chef de brigade d'artillerie. *In-fol. jésus avec 8 planches*............... 9.

1 Exemplaire incomplet.

26. Descriptions nautiques des côtes d'Irlande, de la Grande-Bretagne, du Jutland, de la Norvége, de Hollande et des côtes septentrionales de la France; avec Atlas *grand aigle*, sous le titre de *Pilote des îles britanniques*, contenant *32 cartes ;* publiées, par ordre de son Excellence le vice-amiral Decrès, ministre de la marine et des colonies, &c. par le dépôt général de la marine. *Texte, 8 vol. in-4.° carré*...........

27. Description anatomique des animaux, attribuée à Perrault. *1 vol. in-folio raisin, avec 19 planches.* 1155.

Il n'y a que 39 feuilles d'imprimées.

21 Exemplaires incomplets.

Exemplaires.

28. Discours sur les monumens publics, par l'abbé de Lubersac. *1 vol. in-folio écu ord. avec 2 planches*... 50.

29. Divers ouvrages de mathématiques et de physique de MM. de l'académie des sciences. 1693. *1 vol. in-fol. écu avec des figures géométriques en bois*........ 102.

3 Exemplaires imparfaits.

E

30. Écoles du soldat et du peloton, extraites du réglement du 1.er août 1791, concernant l'exercice et les manœuvres de l'infanterie; imprimées par ordre du ministre de la guerre en l'an 8. *In-8.° carré, avec 10 pl.* 12.

31. Esprit du Code de commerce, dédié à l'Empereur, par le chevalier Locré. 1808. *2 vol. in-8.° carré*. 12.

Idem *carré vél.* 4.

Tome II, *carré*......... 5.

32. Esprit du Code Napoléon, tiré de la discussion, &c. dédié à sa Majesté l'Empereur et Roi, par M. Locré. 1805. *5 vol. in-4.° carré ordinaire*...... 2.

Idem *carré vélin*..... 4.

Plus, 23 volumes séparés, dont 3 imparfaits.

Idem, *6 vol. in-8.° carré*.................. 1.

Idem *carré vélin*................. 6.

33. Essais sur la musique, par Grétry. *3 volumes in-8.° carré*................................ 728.

Idem *carré vélin*........................ 3.

15 Exemplaires imparfaits.

28. Nordier epicier livré 2.

29 Lerné j^{e} livré 2.

29 Init. 1.

30. payant livré 11 exempl.

30 Bibl. 1. retiré broché.

31. Bibl. 1 Init. 1.

— Ed. carré velin 1.

~~— D. tom 2 1~~

31 Waréé enclé
10 pap. ord.
3 — vel.
5 tom 2.
} livré.

32. Bibl. 1 ordinaire Init. 1

32. Bibl. Carré velin 1.

32 Waréé enclé 3 exemp. pap. velin livré.
Waréé enclé volumes séparés livré.
— idem 1 exempl. livré.
— idem 5 Exempl. en feuilles

33. Bibl. Carré velin

33 Verdière a 2te 1 exempl. livré 1.
Sylvestre 2 exemp. pap. velin.

34. bibl. 1. retiré br. | 34. 1. Verdière. livré.

35. bibl. 1. Inst. 1. retiré bro.
— id. velin. 1. retiré en f[illegible]

35 neveu 2 pap. vel. livré.

36 bibl. 1. retiré bro.
Duterr.

36. Renouard 18 exempl. livré.

37 Le Blanc livré

38 Mequignon tour [illegible]
livré 9 vel. Dor 2 vol.

Exemplaires.

34. État actuel de la législation sur l'administration des troupes, dédié à son Excellence le maréchal Berthier, ministre de la guerre, par P. N. Quillet, chef du bureau de la solde de ce département. Nouvelle édition. An 13 [1805]. *3 volumes in-8.° carré vélin*.............................

35. Extraits du Livre des merveilles de la nature et des singularités des choses créées, par Mohammed Kazwini, en arabe; traduits en français par A. L. Chézy. An 14 [1805]. *In-8.° carré*............. 2.

Idem *carré vélin*......... 3.

F

36. Fête religieuse célébrée à Paris le 12 pluviôse an 13, par les Français du culte judaïque, à l'occasion du couronnement de NAPOLÉON I.er; en hébreu et en français. An 13 [1805]. *In-4.° carré vélin*... 20.

37. Flore française de M. de la Marck, 1.re édit. *3 vol. in-8.° carré avec 8 planches*................ 15.

5 Exemplaires imparfaits.

G

38. Gallia christiana in provincias ecclesiasticas distributa. Commencé en 1716, par MM. de Sainte-Marthe. *13 vol. in-fol. avec des cartes.*

1 Exemplaire imparfait.

Plus, Tome I.er.............................. 4.

— II.............................. 2.

1 Exemplaire imparfait.

Tome III........................ 2.

— IV........................ 1.

— IX........................ 8.

— X........................ 8.

— XI (le plus rare de la collection).. 29.

— XII........................ 46.

— XIII........................ 76.

Plus, deux paquets des deux seules feuilles du tome XIV qui aient été imprimées.

Un paquet de défets.

39. Glossaire de la langue française, depuis son origine jusqu'au siècle de Louis XIV. Tome I.er *In-fol. carré* 92 feuilles d'impression. *(Lettrine Ass.)* 583.

131 Exemplaires imparfaits.

40. Glossarium universale hebraïcum, auctore Ludovico Thomassino, Oratorii D. J. presbytero. 1697. *In-folio carré ordinaire*.................. 22.

22 Exemplaires imparfaits.

41. Grande Galerie de Versailles, avec les deux salons qui l'accompagnent, peints par Ch. Lebrun, premier peintre de Louis XIV, dessinés par Jean-Baptiste Massé, peintre, et conseiller de l'académie royale de peinture et de sculpture, et gravés sous ses yeux. *Grand in-folio avec 53 planches*, dont le portrait de Massé.

Grand louvois (texte et planches)........ 12.

Grand aigle (idem).................... 201.

Texte *grand aigle*.......}
Planches *grand louvois*....}............. 17.

Init. les deux feuilles.

39 Lesni père 581 exempl.

39. Bibl. 1. Init. 2. retin
 m Lexic livri 1.

130 glossaires impart Lesni [illegible]

40 Le Blanc, livri 2 exempl.

41 Le Blanc. 230 Exempl. livri 2.

42 Leblanc. livré 1.

43. Leblanc. liv. 2.

44 Bibl. carré velin. 1.

44 Mᵉ Courcier. 1ᵉʳ 16.
Lami père — 1 13..60
Mᵉ Courcier 161 .813..5
842.65

45 Bibl. le tome 5. 1. Inst. le tome 5.

45 Leblanc. livre 1 cah[illegible]

46 Bibl. 1 carré d'angoulême Inst. 1.

id.. 1 table id.

46. Bibliographie astronomique
Mᵉ Courcier, livré 2 c[illegible]

Mᵉ Courcier.

Coupoles *grand louvois* (isolés) .... 58.
Texte *grand aigle* (sans planches)......... 134.

42. Gregoræ (Nicephori) Historia byzantina, gr. et lat. 1702. *2 vol. in-fol. grand raisin*.......... 18.
3 Exemplaires imparfaits.
Fait partie du *Corpus hist. Byzant.*
Plus, 1 paquet de défets.

H

43. Hermès, ou Recherches philosophiques sur la grammaire universelle; traduit de l'anglais, de Jacques Harris, par François Thurot. An 6. *1 vol. in-8.°*.. 720.

44. Histoire de la mesure du temps par les horloges, par Berthoud. *2 volumes in-4.° carré*......... 163.
Idem *carré vélin*...................... 1.

45. Histoire de la maison de Bourbon, par Désormeaux. *5 vol. in-4.° carré, planches et vignettes*....... 30.
Tome II................ 2.
— III .... 4.
— IV................ 7.
— V................ 13.
Plus, 4 petits paquets de défets.
Cet ouvrage n'est pas achevé.

46. Histoire de l'Astronomie, depuis 1781 jusqu'à 1802, par Jérôme de Lalande, avec une table alphabétique par Cotte. *In-4.° carré*................ 108.
Idem *carré d'Angoulême*.......... 8.
Table, *carré*....................... 336.
Idem *carré d'Angoulême*.......... 5.

Exemplaires.

47. Histoire céleste française, contenant les observations faites par plusieurs astronomes français; par Jérôme de Lalande. An 9. Tome I.er *In-4.° carré*. . . . . 322.

48. Histoire générale des guerres diverses, en trois époques, par le chevalier d'Arcq. *2 volumes in-4.° carré*. . . . . 101.

2 Exemplaires imparfaits.

49. Histoire de la chirurgie, par Dujardin, du collége et de l'académie de chirurgie. *2 vol. in-4.° carré, avec planches*. . . . . 16.

Plus, du tome II seulement . . . . 11.

50. Histoire ecclésiastique de la cour de France, où l'on trouve tout ce qui concerne la chapelle et les principaux officiers ecclésiastiques de nos Rois, par l'abbé Oroux. 1776. *2 vol. in-4.° carré*. . . . . 2.

51. Histoire de S. Louis, par Jehan sire de Joinville, et les Annales de son règne, par Guillaume de Nangis; sa vie et ses miracles, par le confesseur de la reine Marguerite : le tout publié d'après les manuscrits de la Bibliothèque du Roi, avec un Glossaire. 1761. *In-fol. carré, avec carte et vignettes*. . . . . . 13.

52. Histoire de Charles VIII, Roi de France, par Guillaume de Jaligny, André de la Vigne et autres historiens de ce temps-là, recueillie par Godefroy, historiographe du Roi. 1684. *In-folio carré* . . . . 37.

3 Exemplaires imparfaits.

47. Mme Courcier Livré 1. ~~32~~
Crédit 321 exempl.

47. init. 1. retiré livr.

48. 100 exempl. M. Le Blanc.

48 init. 1. retiré livr.

49 Croullebois, Livré.

idem Livré.

50 Vollard. 1 exempl. l'autre non envoyé.

51. M. Laverne. 2 - - - - 23.
M. Dalau - 1 - - - 13
M. Chardin 1 - - - 13
M. Leinépen 1 - - - 13
M. Sylvestre - 3 - - - 39
nous - - - 2 - - - 26.
M. Le Blanc - 3 - - - 39
166.

D. } Livré.

51. Ro.
N.

52. Le Blanc. 2 exemp. Livré.

53. de Sylvestre, Livre, 20 vol. et 1 atlas des minéraux.

Buffon formant 781 volumes, Distraction faite des trois volumes retirés.

53 Bibl. Suppt. tome 7. retiré br.

53. Histoire naturelle de Buffon. *36 volumes in-4.° carré.* Exemplaires. + 1901.00c

Nota. Chaque volume renferme les planches qui lui appartiennent.

Quadrupèdes. 15 volumes.

Les trois premiers tomes manquent.

Tome IV	3.
— V	3.
— VI	7.
— VII	5.
— VIII	6.
— IX	6.
— X	30.
— XI	30.
— XII	24.
— XIII	24.
— XIV	13.
— XV	34.
Oiseaux. 9 volumes	3.
Plus, tome II	1.
— III	4.
— IV	1.
Supplémens. 7 volumes	21.
Plus, tome I.er	11.
— II	10.
— III	7.
— IV	3.
— VI	5.
— VII	110.
7	~~361 volumes~~

Exemplaires.

Minéraux, 5 volumes. . . . . 42.

Plus, tome II. 12.
— III. 11.
— IV. 18.
— V. 22.

54. Histoire générale des sciences et de la littérature, depuis les temps antérieurs à l'histoire grecque jusqu'à nos jours, par l'abbé Jean Andrès, jésuite de Mantoue, traduit de l'italien par Ortolani. Tome I.er *In-8.° carré*. . . . . 1439.

Idem *carré vélin*. . . . . 10.

Cet ouvrage n'est pas achevé.

55. Historiæ byzantinæ Scriptores post Theophanem, gr. et lat. 1686. *In-folio raisin*. . . . . 63.

Plus, 1 paquet de défets.

Fait partie du *Corpus hist. Byzant.*

56. Hommage au grand-juge ministre de la justice visitant l'Imprimerie de la République le 23 messidor an 11, composé d'une pièce en vers latins, d'une pièce en arabe, avec la traduction française; par M. Marcel, directeur. *In-folio écu*. . . . . 1.

I

57. Iliade et Odyssée d'Homère, traduites en vers français, par Rochefort, de l'académie des inscriptions. 2 *vol. in-4.° carré*. . . . . 18.

1 Exemplaire imparfait.

Bibl. tome 4 et 5 Mineraux
retiré br.

54. Lesné je. Livré 2 exempl.

55. Le Blanc. Livré 2 exempl.

56. Bibl. 5. retiré.

57. 1 exempl. M. Dalau. Livré 8 57. R
17 — Idem - - - - 82.. D. Livré
90.

59 Levi j° Livri.

60. Bibl. 1. relivé 1 bro.
— id. 1 carré belin.

60 Blanckenstein
Livri. 1.

61 Mᵉ Courcier, Livri.

	Exemplaires.
58. Inscriptionis phœniciæ oxoniensis nova interpretatio, auct. Akerblad. Anno 10 [1802]. *In-8.° carré vélin*	9.
59. Instructions sur les nouvelles mesures, publiées par ordre du ministre de l'intérieur. An 10. *In-8.° carré ordinaire*	79.
60. Introduction à la science de la statistique, suivie d'un coup-d'œil sur l'étude entière de la politique, sur sa marche et ses divisions; traduit de l'allemand de Schlœtzer, professeur de l'université de Gottingue, avec discours préliminaire, des additions et des remarques; dédié à S. A. S. M.gr l'Archichancelier de l'Empire, par Denis-François Donnant. An 13 [1805]. *In-8.° carré*	851.
Idem *carré vélin*	53.

J

61. Journal polytechnique, ou Bulletin du travail fait à l'école centrale des travaux publics, publié par le conseil d'instruction et d'administration de cet établissement. *In-4.° carré*

1.er cahier..........................	11.
2.e cahier..........................	7.
3.e cahier..........................	14.
4.e cahier..........................	11.
5.e cahier..........................	13.
6.e cahier..........................	4.

Exemplaires.

7.e cahier }
8.e cahier } .... 24.

Idem *carré vélin*.................. 5.

Ces deux cahiers réunis sont le commencement de l'ouvrage intitulé, *Mécanique philosophique, ou Analyse des diverses parties de la science de l'équilibre et du mouvement*, par M. Prony, que doivent compléter les cahiers 9 et 10, qui ne sont point encore imprimés.

11.e cahier........................ 8.

12.e cahier........................ 2.

13.e cahier........................ 8.

14.e cahier........................ 1.

L

62. Lettre des membres du divan du Caire au Général BONAPARTE, premier Consul de la République française, en arabe et en français. An 11. *In-folio écu*.............................. 47.

Idem *écu vélin*........................ 4.

M

63. Manuel de l'ingénieur du cadastre, précédé d'un Traité de trigonométrie rectiligne, par A. Al. Regnauld, répétiteur d'analyse à l'école polytechnique, &c. 1808. *In-4.° carré*...................... 8.

64. Marci Manilii Astronomicon libri quinque, &c. edente Al. G. Pingré. 1786. *2 vol. in-8.° carré*..... 54.

65. Mémoires des commissaires du Roi et de ceux de S. M. britannique, sur les possessions et les droits respectifs des deux couronnes dans l'Amérique. 1755. *4 vol. in-4.° carré, avec planches*................ 397.

Plus, des trois premiers volumes............. 99.

62. 1 exempl. - - - - - - 1 . . D. Livré 62. Duterr.
1 — Pour Leclerc - - 1 . Livré
49 — idem à Clerc . . 15 - 5 . Livré.
17 . 5 .

63 . 6 exempl. M. Cousin - 4 . . Livré
les figures manquent

63. Bibl. 1. Inst. 1.
retiré les 2. bro.

64 M. Cousin, Livré.

65 Le Blanc. Livré 1 exempl. faisant 1885 volumes en tout.

66. Init. 1. retiré broché.

66. 73 exempl. Le blanc. Livré 1.

67. Bibl. 1. Init. 1.
retiré les 2 bro.

67. 91 exempl. Le Blanc.

68 R

69. Mc Courcier Livré.

70 Bibl. 1. Init. 1. retiré.
feuill. 1.

70. 1 exempl. 1[fa] &
53 id. 72. 50. magine
Livré.

71 Bibl. 1. retiré bro.

71. 4 exempl. 1. pay. Livré.
M Bréard.

Exemplaires.

66. Mémoires contenant le précis des faits, avec les pièces justificatives, pour servir de réponse aux observations envoyées par les ministres de l'Angleterre dans les cours de l'Europe. 1756. *In-4.° carré* . . . . 74. 20..

67. Mémoires concernant diverses questions d'astronomie, de navigation et de physique, en quatre parties; par Lemonnier, de l'académie des sciences, en 1781, 84, 86 et 88. *In-4.° carré, avec 2 planches* . . . 93. 30.

68. Mémoires sur l'Égypte ancienne et moderne, avec une Description du golfe arabique ou mer Rouge, par d'Anville, de l'académie des belles-lettres. 1766. *In-4.° carré, avec 5 cartes* . . . . 23. 150..5 D

2 Exemplaires imparfaits.

69. Mémoires sur la météorologie, pour servir de suite et de supplément au Traité de météorologie publié en 1774, par le P. Cotte, de l'Oratoire, correspondant de l'académie des sciences. 1788. *2 vol. in-4.° carré, avec planches* . . . . 9. 37.

70. Mémoires sur la révolution de Pologne, trouvés à Berlin, avec une carte de la guerre de Pologne en 1794. 1806. *Carré vélin* . . . . 56. 75..50.

71. Mémoire contenant des explications théoriques et pratiques sur une carte trigonométrique, servant à réduire la distance apparente de la lune au soleil ou à une étoile, en distance vraie, et à résoudre d'autres questions de pilotage. An 7. *In-4.° carré*. 5. 1..

Exemplaires.

N

72. Naturel et légitime, contenant une lettre du Solitaire des Pyrénées à M. D***. An 12. *In-8.° carré*. . 1.

73. Notices des diplômes, des chartes et actes relatifs à l'histoire de France, par l'abbé de Foy. 1765. I.er volume. *In-fol. carré*. . . . . 45.

Plus, 1 paquet de défets.

O

74. Observations des tribunaux de cassation et d'appel, des tribunaux et conseils de commerce, sur le projet de Code du commerce. *4 vol. in-4.° carré*. . . . 137.

75. Observations des tribunaux d'appel sur le projet de Code civil. *3 volumes in-4.° carré*. . . . . . . 27.

76. Observations des tribunaux criminels et d'appel sur le projet de Code criminel. *8 vol. in-4.° carré*. 25.

77. Observations du tribunal de cassation sur le projet de Code civil. *1 vol. carré ordinaire*. . . . . 52.

78. Observations historiques sur le Traité de la chasse de Xénophon, par M. Gail. *In-8.°* de A à L.

Carré. . . . . 513.

Carré vélin. . . . . 30.

79. Œuvres de théâtre de Saint-Foix. *3 volumes in-12, carré*. . . . . 19.

retiré.

72. Bibl. 1.

73. Lesné l'aîné. Livré 2 Exempl.

74. 136 exempl. M. Warée oncle.

74. Init. 1. retiré br.

75. 26 exempl. Warée oncle.

75. Init. 1. retiré. br.

76. 24 Exempl. Warée oncle.

76. Init. 1 retiré br.

77. Init. 1. retiré br.

77. 51. exempl. Warée Oncle Livré 1 Exempl.

78. 512. pap. ord.
29 pap. vel. } M. Merlin, Livré 1 pap. ord.

78 Bibl. 1. retiré en feuilles
vel. 1 carré bl.

79. M. Duchesne, Livré.

80 Volard. livré 1.

livré les deux. 81. 1 cartonné 61.. Dalan
1 — id. — 60.10. Nar.
2 exempl. imp. Lechi j[illegible] livré.

82 Le Blanc. livré.

83. Duchesne livré 2.
~~84 à 10 exempl.~~

84. Bibl. 1.
85. Bibl. 1.
86 Bibl. 1.
87. Bibl. 1.
88. Bibl. 1.
retiré.

84 à 89. Lesné ainé, livré.

80. Œuvres de Néricault Destouches. 1757. 4 *vol. in-4.° carré*.......................... Exemplaires. 46. 260

Plus, 2 paquets de défets.

1 Exemplaire imparfait.

81. Œuvres de Shakespeare, traduction de Letourneur. 20 *vol. in-4.° carré*.......................... 2.

Deux exempl. imparfaits du 21me volume en plus - - - — 42.

82. Petri et Francisci Pithœi jurisconsultorum Observationes ad Codicem et Novellas Justiniani imperatoris, &c. curâ Francisci Desmares. 1689, gr. et lat. *In-folio grand raisin*.................. 11. 50.

83 Précepteurs (Les), comédie en cinq actes, en vers, par Fabre d'Églantine *In-8.° carré*...... 313. 40.

84. Projet de loi sur le Code Napoléon. 1807. *In-8.° carré*.......................... 11.

85. Projet de Code rural. 1808. *In-4.° carré*.... 5.

86. Projet de Code de procédure civile, présenté par la commission nommée par le Gouvernement. An 12. *In-4.° carré*.......................... 5.

87. Projet de Code du commerce, présenté par la commission nommée par le Gouvernement. An 10. *In-4.° carré*.......................... 18.

88. Projet de Code civil, présenté par la commission nommée par le Gouvernement. An 9. *In-8.° carré*.......................... 22.

30..5

Le n° 89 y est joint —

Exemplaires.

89. Projet de Code criminel, correctionnel et de police, présenté par les commissaires nommés par le Gouvernement. *In-4.° carré*.................. 19.

Q

90. Quien (R. P. F. M. Le), Oriens Christianus in IV patriarchatus digestus. 1740. *3 vol. in-fol. carré*.. 25.

Plus, 1 paquet de défets.

3 Exemplaires imparfaits.

R

91. Recherches sur l'ordre de Malte, et Examen d'une question relative aux Français ci-devant membres de cet ordre, par le C.^en Bonnier; suivies d'une Lettre du C.^en Merlin au ministre des relations extérieures. An 6. *In-8.° carré*.......................... 1.

92. Recherches sur l'analogie de la musique avec les arts qui ont pour objet l'imitation du langage, pour servir d'introduction à l'étude des principes de cet art, &c. par G. A. Villoteau. An 13. *2 volumes in-8.° raisin*.............................. 859.

Idem *raisin vélin*...................... 33.

93. Recueil général des lois, réglemens, décisions, circulaires, pour le service des hôpitaux militaires, &c. par Ch. Courtin, sous-chef au directoire central des hôpitaux militaires. *2 vol. in-8.°* et *1 vol. in-4.°* *carré*.................................... 3.

Idem *vélin*............ 5.

89 vendu avec les nos precedents.

89. Bibl. - 1. retiré.

90. 1 Exempl. - - - 12. Do. Livré. pour m Demanne
24 — idem - - 245. m Nequignon junior
257

91. retiré

91. Bibl. 1.

92. m Renouard Livré 1 Exempl.

93. 2 pap. ord } m maginel. Livré.
4 pap. vel. }

{ 93. Bibl. 1.
{ — id. 1 velin
retiré.

94 Le Blanc. Livr 2.

95. R.

96. Bibl. 1. Inst. 1. {
id. 1 id. blan fig. }

96. 12 avec fig. 8 } Barrois ainé
15 in part. } Livr.

. 12 in 4 sans fig. Maginel.
Livré.

97. Bibl. 1. Inst. 1. retir bro.

97. 12 exempl. Variè onclo Livr.

Exemplaires.

94. Recueil d'observations faites en plusieurs voyages, par ordre de sa Majesté, pour perfectionner l'astronomie et la géographie, avec divers traités d'astronomie, par MM. de l'académie des sciences. 1693. *In-folio écu* .... 40. 65--5.

Plus, 3 paquets de défets.

95. Recueil général des pièces obsidionales et de nécessité, gravées dans l'ordre chronologique des événemens, suivi de récréations numismatiques; par Tobiésen Duby. 1786. *In-4.° jésus avec planches.*

Et Traité des monnoies des barons, &c. pour servir de complément aux monumens historiques de la France, par Tobiésen Duby. 1790. *2 vol. in-4.° avec 120 planches.*

De ces deux ouvrages .... 30. 420.-- 8.

96. Relation de la bataille de Marengo, gagnée en prairial an 8, par NAPOLÉON BONAPARTE, premier Consul, commandant en personne l'armée française de réserve, sur les Autrichiens aux ordres du général Mélas; rédigée par le général Alex. Berthier, &c. An 14 [1805]. *In-8.° grand raisin avec fig.* 14. 39.-95.

15 Exemplaires imparfaits.

1806. *In-4.°* (sans les figures)....... 13. 8--5.

97. Révision du Projet de Code de commerce, précédée de l'analyse raisonnée des observations du tribunal de cassation, des tribunaux d'appel, des tribunaux et des conseils de commerce. An 11 [1803]. *In-4.° carré*..................... 13. 5.

Exemplaires.

S

98. Signaux généraux de jour, de nuit, de brume, à la voile et à l'ancre, à l'usage des armées navales de la République. An 9. *In-4.° carré*, avec deux feuilles en parchemin contenant des tableaux............ 12.

99. Soliloques et Méditations de S. Augustin, traduits par Dubois, de l'académie française. *In-12 carré.*

Et Manuel et Livre de S. Augustin, de l'esprit et de la lettre. 1759. *In-12 carré*............... 88.

100. Songe du professeur Vincent Monti, en vers italiens, traduit en vers français par M. Carion-Nisas. An 13 [1805].

In-4.° { *Carré*........................ 163.
{ *Carré vélin*.................... 75.

In-8.° { *Raisin*........................ 59.
{ *Raisin vélin*.................... 18.

101. Statistique du département de la Moselle, par M. Colchen. *In-folio raisin*.................. 463.

Idem *raisin vélin*.................... 4.

Plus, 1 paquet de défets.

102. Statistique du département de la Meurthe, par M. Marquis, préfet de ce département.

In-folio raisin...................... 74.

Idem *raisin vélin*.................... 3.

Plus, 1 paquet de défets.

98. 10 exempl. Barrois ainé, Livré.

98. Bibl. 1. Instit. 1.
retiré br.

99. Blanchon Livré

100. vendu en retranchant un exempl. de chaque sorte
Leiné je Livré. 1.

100. Bibl. 1 de chaque
papier.

101. Le Blanc. Livré 2.

101. Bib. 1.
id. 1 id. vel.

102 Le Blanc. Livré 1.

102. Bib. 1
id. 1 id. vel.
retiré 1 pap. ord.

103. Bibl. 1 de chaque retiré 1 pap. ord.	103 Le Blanc: Livre. 1.
104. Bibl. 1 de chaque retiré 1. ord.	104 469 ord / 3. vel. } Le Blanc. Livre 1.
105 Bibl. 1 de chaque retiré 1 ord.	105 55. ord / 3. vel } Le Blanc Livre 1.
106 Bibl. 1 de chaque retiré 1 ord.	106. 467 ord / 3 vel } Le Blanc Livre. 1.
107. Bibl. 1 de chaque retiré 1 ord.	107. 69 ord / 2. vel. } Le Blanc Livre 1.
108. Bibl. 1 de chaque	108. 71 ord. / 2 vel. } Le Blanc Livre 1.

103. Statistique du département de l'Eure, par M. Amand, préfet de ce département. Exemplaires.

In-folio raisin ....

Idem *raisin vélin* ....

Plus, 1 paquet de défets.

104. Statistique du département des Deux-Sèvres, par M. Dupin, préfet de ce département.

In-folio raisin .... 469.

Idem *raisin vélin* .... 4.

Plus, 1 paquet de défets.

105. Statistique du département de Rhin-et-Moselle, par M. Boucqman, préfet de ce département.

In-folio raisin .... 56.

Idem *raisin vélin* .... 4.

Plus, 1 paquet de défets.

106. Statistique du département de l'Indre, par M. Dalphonse, préfet de ce département.

In-folio raisin .... 468.

Idem *raisin vélin* .... 4.

Plus, 1 paquet de défets.

107. Statistique du département du Doubs, par M. Jean-de-Brie, préfet. *In-folio raisin* .... 70.

Idem *raisin vélin* .... 3.

Plus, 1 paquet de défets.

108. Statistique du département de la Lys, par M. Viry, préfet. *In-folio raisin* .... 72.

Idem *raisin vélin* .... 3.

Plus, 1 paquet de défets.

Exemplaires.

109. Statistique du département de l'Escaut, *de A à V ;* non terminé.
20 feuilles *in-fol. raisin*.......................... 1059.
Idem *raisin vélin*.......................... 55.

110. Statistique du département du Mont-Blanc, *de A à S ;* non terminé.
36 feuilles *in-fol. raisin*.......................... 1068.
Idem *raisin vélin*.......................... 55.

111. Statistique du département des Alpes-Maritimes, *de A à H ;* non terminé.
16 feuilles *in-fol. raisin*.......................... 1058.
Idem *raisin vélin*.......................... 55.

112. Statistique du département du Var, *de A à N ;* non terminé.
13 feuilles *in-fol. raisin*.......................... 1047.
Idem *raisin vélin*.......................... 55.

113. Syllabaire gradué sur le mécanisme des mots de la langue française. An 11. Nouvelle édition. *In-8.° carré, avec 2 planches*.......................... 38.
1,400 Exemplaires sans planches.

T

114. Table chronologique des diplômes, chartes, titres et actes imprimés, concernant l'histoire de France. tome IV.
Il n'y a eu d'imprimé, *in-folio carré*, que de A à Bbbb (71 feuilles) la feuille double cela fait 142... 1000.

115. Tables pour jeter les bombes avec précision; extrait du Bombardier français, par Bélidor. *In-12 carré*.......................... 97.

109 1058. ord } Le Blanc.
54 bel } Livré · 1.

110 1067 ord. } Le Blanc
54. bel } Livré 1.

111. 1057 ord. } Le Blanc
54 bel } Livré 1.

112. 1046. ord } Le Blanc
54 bel } Livré 1.

113 37 avec fig } Livré j
1400 sans fig } Livré 37 avec fig

114 998 Bar epicier. rue de la harpe

115. Maginel, Livré.

Nota Toutes les feuilles des Rectifiques sont imprimées doubles

109 Bibl. 1 de chaque
retiré 1 ord.

110 Bibl. 1 de chaque
retiré 1 ord.

111 Bibl. 1 de chaque
retiré 1 ord.

112 Bibl. 1 de chaque
retiré 1 ord.

113 Bibl. 1.

114 Bibl. 1. Inst. 1.
retiré 2. bro.

116. Mᵉ Courcier, livré.

117. Mᵉ Courcier.
livré 2 exempl.

118 Bibl. 1 de chaque
retiré 1 ordinaire.

118. 2939 Exempl. Bachelier,
livré. 1.

119 R.

119 Renouard. livré.

120. Le Blanc livré 2.

121. Duchesne, livré.

Exemplaires.

116. Tables analytiques des calculs d'intérêts, ou Méthode nouvelle, abrégée et facile, pour trouver l'intérêt de l'argent par le nombre des jours, par Bagot. 1806. *In-8.° oblong carré*.................... 4.

Idem *carré vélin*................. 15.

117. Tables trigonométriques décimales, ou Tables des logarithmes, des sinus, des sécantes et tangentes, suivant la division du quart de cercle en cent degrés, &c. par Ch. Borda ; revues, augmentées et publiées par J. B. J. Delambre. An 9. *In-4.° carré*.............................. 1027.

25 Exemplaires imparfaits.

118. Tarif, d'après le système métrique, pour cuber les bois carrés et ronds, &c. 1808. *In-4.° carré, avec 5 planches*........................ 20.

2900 Exemplaires imparfaits (les planches manquent).

Carré vélin..................... 21.

119. Themistii Orationes, gr. et lat., édition de 1684, par le P. Hardouin. *In-folio carré*.......... 18.

Idem *raisin*......... 12.

120. Traité de la vénerie, par M. d'Yauville, premier veneur et ancien commandant de la vénerie du Roi. 1788. *In-4.° carré, avec des airs de chasse notés*................................ 113.

121. Traité des affections vaporeuses des deux sexes, ou des maladies nerveuses, par M. Pomme, docteur médecin de Montpellier. 1782. *In-4.° carré.* 25.

Exemplaires.

122. Traité physique et historique de l'aurore boréale, par de Mairan. 2.e édition. 1754. *2 vol. in-4.° carré, avec planches*........................ 18.

1 Exemplaire imparfait.

123. Traité dogmatique des édits et autres moyens spirituels et temporels pour maintenir l'unité de l'Église, relativement à l'édit de Nantes, par le P. Thomassin, de l'Oratoire. 1703. *In-4.° carré*... 9.

En deux parties avec un volume de supplément.

124. Traité d'équitation, par M. de Montfaucon de Rogles, écuyer de la petite écurie. *In-4.° carré, avec planches*........................ 44.

125. Traité de la fabrique des manœuvres pour les vaisseaux, ou l'Art de la corderie perfectionné, par Duhamel-Dumonceau, de l'académie des sciences, &c. 1747. *In-4.° avec planches, carré*............. 4.

126. Traités de commerce, en arabe et en français, faits par M. Durand, directeur de la compagnie du Sénégal, avec les Maures de la rive droite du Sénégal. *In-4.° raisin*........................ 5.

Cet ouvrage fait partie du Voyage de Durand, imprimé ailleurs.

V

127. Veterum mathematicorum, Athenæi, Apollodori, Philonis, Bitonis, Heronis et aliorum, Opera, pleraque nunc primùm edita ex manuscriptis codicibus bibliothecæ Regis. 1693. *In-folio grand raisin, avec figures*........................ 10.

122. Bachelier, Livré. — 122. Init. 1. retiré 1 bro.

123. Bodier épicier, Livré.

124 1 exempl. . mi . . 2 . . D°.
1 — idem Dalau. 2.
41 — m. huzard 38 ~~[illegible]~~ Livré.
1 retiré — — 0.
42.

124. Init. 1. retiré feuillet 1.

125. Barrois, Livré.

126. Livré. — 126. Bibl. 1. Init. 1. retiré les 2.

127. Livré. — 127. R.

128 bibl. 1 carré d'angoulême Init. 1.

128. 567 ord. } Vollard.
5 angoul. } Livré 2.

~~9~~ 90 imparf. Leclerc j^{e}

129 bibl. 1 Velin
~~[illegible]~~.
Ro.

129 2 Exempl. – 8. – D
113 comp. } – 208. Verdière.
9 imp. }

130. Corby épicier Livré.

131 R. Leton gris
~~Idem~~
Leton pleine

131 1 exempl. br. 59. 95. D[illegible]
1 – Deslan. 59. 95 [illegible]
4 à Leblanc 171. 00 Livré
290 90
il n'y avoit pas d'atlas, le tout seul Leblanc. 6 imparfaits. 41. Livré

Exemplaires.

128. Voyage en retour de l'Inde, par Thomas Howel, traduit par Théophile Mandar. *In-4.° avec 2 cartes, carré*.................................. 567.

Idem *carré d'Angoulême*.................... 7.

90 Exemplaires imparfaits.

129. Voyage de Néarque, des bouches de l'Indus jusqu'à l'Euphrate, ou Journal de l'expédition de la flotte d'Alexandre; traduit de l'anglais de William Vincent, par Billecocq, homme de loi. *In-4.° avec planches, raisin*.............................. 116.

Idem *vélin*.......................... 1.

9 Exemplaires imparfaits.

130. Voyage dans les mers de l'Inde, à l'occasion du passage de Vénus sur le disque du soleil, le 6 juin 1761 et le 3 juin 1769, par le Gentil, de l'académie des sciences. *2 vol. in-4.° carré, avec cartes et planches*................................ 25.

Plus, 3 exemplaires du tome II.

2 Exemplaires imparfaits.

131. Voyage de la Pérouse autour du monde, publié conformément au décret du 22 avril 1797, et rédigé par M. L. A. Milet-Mureau, général de brigade dans le corps du génie, directeur des fortifications, ex-constituant. *4 vol. in-4.° raisin et Atlas in-fol*.................................. 6.

Exemplaires imparfaits.

Exemplaires.

Z

278 — — 132. Zonaræ (Joannis) Annales, gr. et lat. edente Car. du Fresne du Cange. 1686. *2 vol. in-fol. gr. raisin.* 27.

23 Exemplaires imparfaits.

Plus, 2 paquets de défets.

Fait partie du *Corpus hist. Byzant.*

FIN.

132 -- 1 exempl. 12. D. Demanne.

26 complets
23 imparf.
défets } 266. Renouard.

1ère vacation	10945. 67.
2e	8106--2
3e	17303--75
	36355--44.